My Coloring Diary

Christina Freija

My
COLORING
DIARY

Copyright: Dolphin Books
Cover design and interior layout: Atte Kalke
Coloring pictures: Tone Artist

ISBN 978-9526651095

INTRODUCTION

This coloring diary has been designed and created by
Christina Freija, who draws her inspiration from Oriental
culture and from the fascinating atmosphere of the Far East.
The drawings in the book have been made by Tone Artist.

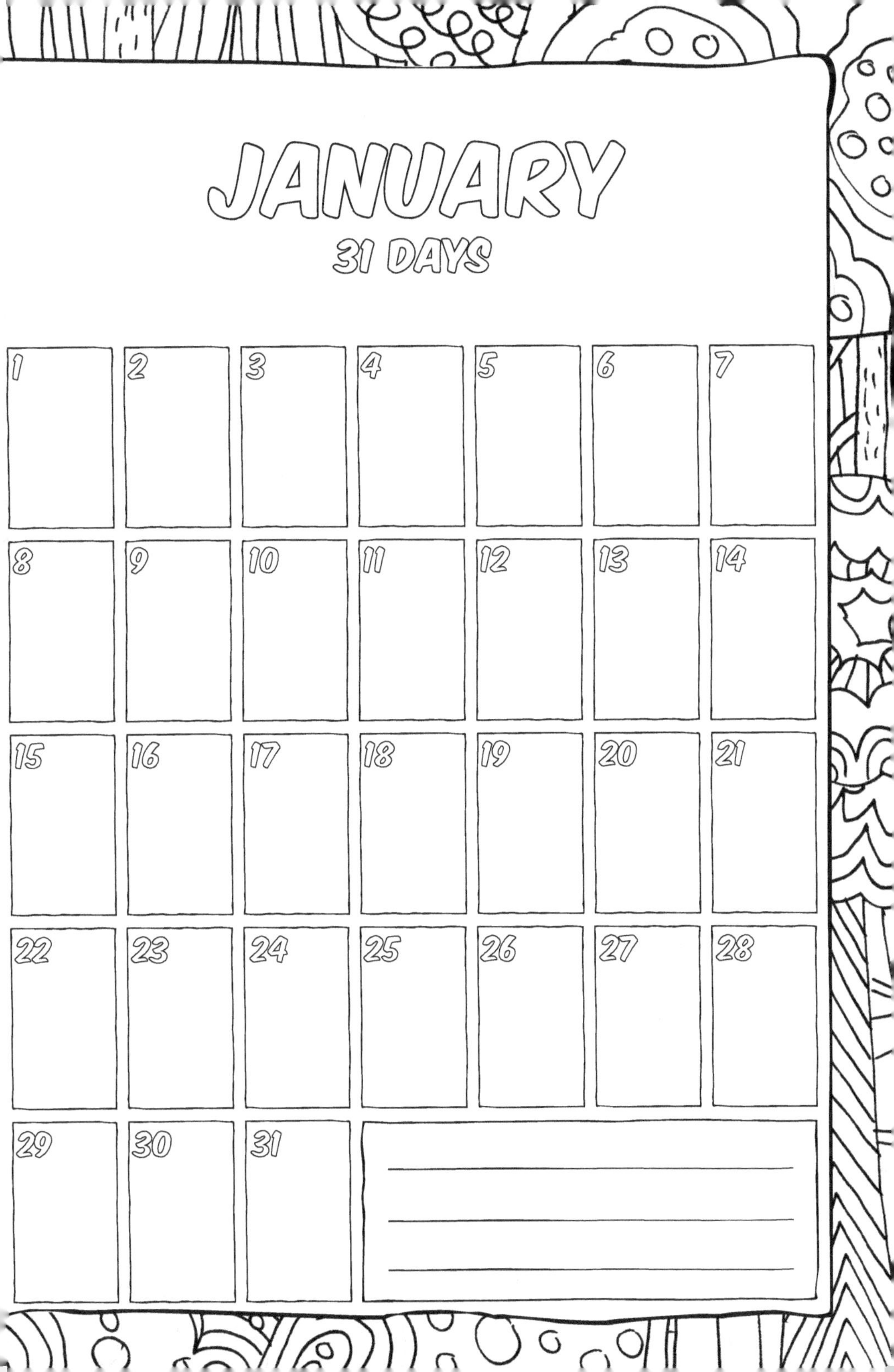

JANUARY
31 DAYS
1
2
3
4
5
6
7
8
9
10
11
12
13
14
15
16
17
18
19
20
21
22
23
24
25
26
27
28
29
30
31

JANUARY

JANUARY
8
9
10
11
12
13
14

JANUARY
15
16
17
18
19
20
21

JANUARY
22
23
24
25
26
27
28

JANUARY
29
30
31

FEBRUARY
28 DAYS
1
2
3
4
5
6
7
8
9
10
11
12
13
14
15
16
17
18
19
20
21
22
23
24
25
26
27
28
(29)

FEBRUARY
1
2
3
4
5
6
7

FEBRUARY
8
9
10
11
12
13
14

FEBRUARY
15
16
17
18
19
20
21

FEBRUARY
22
23
24
25
26
27
28

FEBRUARY

MARCH
31 DAYS
1
2
3
4
5
6
7
8
9
10
11
12
13
14
15
16
17
18
19
20
21
22
23
24
25
26
27
28
29
30
31

MARCH
1
2
3
4
5
6
7

MARCH
8
9
10
11
12
13
14

MARCH
15
16
17
18
19
20
21

MARCH
22
23
24
25
26
27
28

MARCH
29
30
31

APRIL
30 DAYS
1
2
3
4
5
6
7
8
9
10
11
12
13
14
15
16
17
18
19
20
21
22
23
24
25
26
27
28
29
30

APRIL
1
2
3
4
5
6
7

APRIL
8
9
10
11
12
13
14

APRIL
15
16
17
18
19
20
21

APRIL
22
23
24
25
26
27
28

APRIL
29
30

MAY
31 DAYS
1
2
3
4
5
6
7
8
9
10
11
12
13
14
15
16
17
18
19
20
21
22
23
24
25
26
27
28
29
30
31

MAY
1
2
3
4
5
6
7

MAY
8
9
10
11
12
13
14

MAY
15
16
17
18
19
20
21

MAY
22
23
24
25
26
27
28

MAY
29
30
31

JUNE
30 DAYS
1 2 3 4 5 6 7
8 9 10 11 12 13 14
15 16 17 18 19 20 21
22 23 24 25 26 27 28
29 30

JUNE
1
2
3
4
5
6
7

JUNE
8
9
10
11
12
13
14

JUNE
15
16
17
18
19
20
21

JUNE
22
23
24
25
26
27
28

JUNE
29
30

JULY
31 DAYS
1
2
3
4
5
6
7
8
9
10
11
12
13
14
15
16
17
18
19
20
21
22
23
24
25
26
27
28
29
30
31

JULY
1
2
3
4
5
6
7

JULY
8
9
10
11
12
13
14

JULY
15
16
17
18
19
20
21

JULY
22
23
24
25
26
27
28

JULY
29
30
31

AUGUST
31 DAYS
1
2
3
4
5
6
7
8
9
10
11
12
13
14
15
16
17
18
19
20
21
22
23
24
25
26
27
28
29
30
31

AUGUST
1
2
3
4
5
6
7

AUGUST
8
9
10
11
12
13
14

AUGUST
15
16
17
18
19
20
21

AUGUST
22
23
24
25
26
27
28

29

30

31

SEPTEMBER
30 DAYS
1
2
3
4
5
6
7
8
9
10
11
12
13
14
15
16
17
18
19
20
21
22
23
24
25
26
27
28
29
30

SEPTEMBER
1
2
3
4
5
6
7

SEPTEMBER
8
9
10
11
12
13
14

SEPTEMBER
15
16
17
18
19
20
21

SEPTEMBER
22
23
24
25
26
27
28

SEPTEMBER
29
30

OCTOBER
31 DAYS
1
2
3
4
5
6
7
8
9
10
11
12
13
14
15
16
17
18
19
20
21
22
23
24
25
26
27
28
29
30
31

OCTOBER
1
2
3
4
5
6
7

OCTOBER
8
9
10
11
12
13
14

OCTOBER
15
16
17
18
19
20
21

OCTOBER
22
23
24
25
26
27
28

OCTOBER
29
30
31

NOVEMBER
30 DAYS
1
2
3
4
5
6
7
8
9
10
11
12
13
14
15
16
17
18
19
20
21
22
23
24
25
26
27
28
29
30

NOVEMBER
1
2
3
4
5
6
7

NOVEMBER
8
9
10
11
12
13
14

NOVEMBER
15
16
17
18
19
20
21

NOVEMBER
22
23
24
25
26
27
28

# NOVEMBER

29

30

DECEMBER
31 DAYS
1
2
3
4
5
6
7
8
9
10
11
12
13
14
15
16
17
18
19
20
21
22
23
24
25
26
27
28
29
30
31

DECEMBER
1
2
3
4
5
6
7

DECEMBER
8
9
10
11
12
13
14

DECEMBER
15
16
17
18
19
20
21

DECEMBER
22
23
24
25
26
27
28

DECEMBER
29
30
31

NOTES

Publisher: Dolphin books
Dolphin
BOOKS
www.dolphinbooks.org